Lob für „*Hundis Aufregender Tag*"
Praise for "*Doggy's Busy Day*"

„Als Großvater mit neun Enkelkindern habe ich ständig ein Kind auf meinem Schoß, das um eine Geschichte bettelt. Jayne Flaagans Buch „*Hundis aufregender Tag*" war ein Hit, nicht nur beim Vorlesen, sondern auch beim Interagieren mit den Fragen, die sie an die jungen Leser stellt. Ich wünschte, alle Kinderbücher würden ein ähnliches Format haben. Auch hervorragend als Geschenk geeignet. Fünf Sterne!" ~ Mike Lewis

"As the grandfather of nine, I have a young child in my lap constantly begging for a story. Jayne Flaagan's book "**Doggy's Busy Day**" has been a hit, not only reading it aloud, but interacting with the questions she provides. I wish all children's books would use a similar format. A great gift, too. Five stars!" ~ Mike Lewis

„Ein wunderbares Kinderbuch, das sie mit auf ein Abenteuer mit Ella dem Hund nimmt. Durch das Format, in dem es geschrieben ist und den Fragen, die gestellt werden, ist es so interaktiv, wie es ein Buch nur sein kann. Kinder können mit Ella ein Abenteuer bestreiten und Teil der Geschichte werden. Egal ob der junge Leser einen Hund hat oder nicht, es ist ein reizendes Buch, das vielen Kindern Freude bereiten wird."
~Christiana Caeliss, Caolas.

"A sweet book for children that takes them on an adventure with Ella the dog. Because of the format and the questions asked, it as interactive as one can have in a book. Children can go on an adventure with Ella as they can see themselves right in the story. Whether the young reader has a dog or not, this is a delightful book that will bring joy to many young hearts." ~ Christiana Caeliss, Caolas

„**Hundis aufregender Tag**" von Jayne Flaagan ist ein ansprechendes Buch für junge Kinder, dessen Geschichte mit Fotos ihres liebenswerten Huskies ausgeschmückt ist. Lassen Sie sich nicht vom einfachen Format täuschen und glauben, dass hier nur gelesen wird. Die Fragen, die auf jeder Seite stehen, laden sowohl junge als auch die erwachsenen Leser dazu ein, sich in die Geschichte mit einzubringen. Das Buch ist so strukturiert, dass der Leser dem Hundi bei seinem normalen Tagesablauf folgt, was besonders für noch sehr junge Kinder interessant ist, da sie so lernen Parallelen zu ihrem Leben oder ihrem Haustier zu erkennen. Viel Spaß! ~Donna Kim-Brand

"*Doggy's Busy Day*" by Jayne Flaagan is an appealing book for young children, supported by photos of her adorable husky dog. Don't let the simple format fool you into thinking this is a passive read. The questions embedded in each page invite engagement and consideration by the youngsters and their adult reading companions relevant to their own life, possibly extending into more complex conversations over time. What's more, the book is structured to take the doggie through a normal day, which can provide a parallel support structure for the reader. These elements are crucial in early learning success. Enjoy! ~ Donna Kim-Brand

„*Hundis aufregender Tag*" ist meiner Familie gewidmet, die dabei geholfen hat Ella für die Bilder in diesem Buch „zu motivieren".

"*Doggy's Busy Day*" is dedicated to my family, who helped encourage Ella to "ham it up" for the pictures included in this book.

Jayne Flaagan

Jayne Flaagan kann auf 30 Jahre Ausbildung und Erfahrung im Bereich frühkindlicher Erziehung zurückblicken. Ihre Arbeit in diesem Gebiet bereitet ihr sehr viel Freude und Zufriedenheit. Flaagan wuchs in North Dakota auf und wagte den großen Schritt und zog vor einigen Jahren nach Minnesota. Dort lebt sie nun mit ihrem Ehemann und einem albernen Hund, namens Ella. Sie hat außerdem drei erwachsene Kinder.

Jayne Flaagan has over 30 years of experience and education in Early Childhood Education. She receives much joy and satisfaction working in this genre. Flaagan grew up in North Dakota and made the big move to Minnesota many years ago. She lives with her husband and a goofy dog named Ella. She has three grown children.

Copyright © 2014 Jayne Flaagan Cover Design © 2014 Jayne Flaagan Bilder von Jayne Flaagan

© 2014 Jayne Flaagan Cover Design © 2014 Jayne Flaagan, photography by Jayne Flaagan

Das Werk einschließlich aller Inhalte ist urheberrechtlich geschützt. Alle Rechte vorbehalten. Nachdruck oder Reproduktion (auch auszugsweise) in irgendeiner Form (Druck, Fotokopie oder anderes Verfahren) sowie die Einspeicherung, Verarbeitung, Vervielfältigung und Verbreitung mit Hilfe elektronischer Systeme jeglicher Art, gesamt oder auszugsweise, ist ohne ausdrückliche schriftliche Genehmigung des Verlages untersagt. Alle Übersetzungsrechte vorbehalten.

No part of this publication may be reproduced in whole or in part, or stored in a retrieval system, or transmitted in any form or by any means, electronic, mechanical, photocopying, recording or otherwise, without written permission of the author.

Weil wir Sie als Leser so wertschätzen, möchten wir unsere Dankbarkeit mit Geschenken ausdrücken. Dazu gehören…

- Ein Link, um KOSTENLOS das Hörbuch von „Doggy's Busy Day" zu erhalten (http://ellathedoggy.com/wp-content/uploads/2016/01/DoggyFindsHerBone-audio-track.mp3)
- KOSTENLOSE Malvorlagen von Ella, zum ausdrucken und ausmalen (http://ellathedoggy.com/wp-content/uploads/2015/04/coloring-pagespdfapirl17pdf.pdf)

Because we appreciate you as a reader, please accept our gifts to you, which include…

- A link to receive a FREE audio book of **"Doggy's Busy Day"** (http://ellathedoggy.com/wp-content/uploads/2016/01/DoggyFindsHerBone-audio-track.mp3)

- **FREE** coloring pages of Ella to print and color **(http://ellathedoggy.com/wp-content/uploads/2015/04/coloring-pagespdfapirl17pdf.pdf)**

www.ellathedoggy.com

Dies ist Ella die Doggy.
Sie hat zwei Augen. Sie hat zwei Ohren.
Sie hat eine Nase. Sie hat einen Mund.
Genau wie Sie.

This is Ella the Doggy.
She has two eyes. She has two ears.
She has one nose. She has one mouth.
Just like you.

Ella hat vier Beine und einen Schwanz.
Wie viele Beine haben Sie?
Haben Sie einen Schwanz?

Ella has four legs and one tail.
How many legs do you have?
Do you have a tail?

Wenn Ella wacht in der Früh, gibt sie sich eine sehr große Strecke!

Wie fühlt sich das, wenn Sie strecken?

When Ella wakes up in the morning, she gives herself a very big stretch!

How does that feel when you stretch?

Ella ist sehr hungrig, wenn sie aufwacht, so dass sie bereit für das Frühstück bekommt.

Sie ist so hungrig, sie leckt ihre Lippen.

Haben Sie ein Lätzchen tragen, wenn Sie essen?

Ella is very hungry when she wakes up, so she gets ready for breakfast.

She is so hungry, she is licking her lips.

Do you wear a bib when you eat?

Manchmal Ella wird sitzen und fragen Sie nach Essen.

Sie können nicht sagen, "bitte", weil Hunde nicht sprechen.

Was sagen Sie, wenn Sie etwas wollen?

Sometimes Ella will sit up and ask for food.

She cannot say "please" because doggies cannot talk.

What do you say when you want something?

Ella isst ihr Frühstück an einem weißen Schüssel.

Die Schale wird ganz oben gekaut, weil sie scharfe Zähne, und sie liebt es, mit ihm zu spielen.

Ella eats her breakfast from a white bowl.

The bowl is all chewed up because she has sharp teeth and she likes to play with it.

Doggies trinken Sie viel Wasser zu.
Ella Getränke aus einer blauen Schüssel.
Was wissen Sie verwenden, um Wasser zu trinken?

Doggies drink lots of water too.
Ella drinks from a blue bowl.
What do you use to drink water?

Ella ist auf einem Weg gehen jetzt.
Sie ist sehr aufgeregt!

Ella is going on a walk now.
She is very excited!

Sie liebt es, draußen an der frischen Luft zu gehen.
Was tun Sie, um so ausüben können groß und stark wachsen?

She loves to walk outside in the fresh air.
What do you do to exercise so you can grow big and strong?

Auch wenn es draußen kalt ist, nimmt Ella einen Spaziergang.
Haben Sie Schnee, wo Sie leben?

Even when it is cold outside, Ella takes a walk.
Do you have snow where you live?

Nach ihrem Spaziergang Ella ist müde, so dass sie in der Sonne Nickerchen. Wo sehen Sie sich ausruhen?

After her walk Ella is tired, so she naps in the sun.
Where do you rest?

Ella ist jetzt traurig.
Sie will jemanden zum Spielen.

Ella is sad right now.
She wants someone to play with.

Jetzt Ella ist glücklich, weil sie einen Freund sieht!

Was bedeutet Ihr Gesicht aussehen, wenn du traurig bist?

Wie sieht Ihr Gesicht zu sehen, wenn Sie glücklich sind?

Now Ella is happy because she sees a friend!

What does your face look like when you are sad?

How does your face look when you are happy?

Dies ist Ella, als sie kleiner war.
Sie spielt mit ihrer Freundin Daisy.
Wie lauten die Namen Ihrer Freunde?

This is Ella when she was smaller.
She is playing with her friend Daisy.
What are the names of your friends?

Manchmal Ella hat Picknicks mit ihren Menschen Freunde. Was essen Sie, wenn Sie auf einem Picknick gehen?

Sometimes Ella has picnics with her people friends. What do you eat when you go on a picnic?

Guck mal, wer dumm ist!

Was tun Sie, wenn Sie dumm zu handeln?

Look who is being silly!

What do you do when you act silly?

Ella liebt Spiele.
Manchmal spielt sie ein spiel namens "*Tauziehen*".

Ella likes to play games too.
Sometimes she plays a game called *Tug-Of-War*.

Hier ist Ella spielen ein anderes spiel.
Sie hat um die Hand, die sie behandeln hält zu finden.
Können Sie ihr helfen finden Sie die Behandlung?

Here is Ella playing another game.
She has to find the hand that holds her treat.
Can you help her find the treat?

Ella ist ein guter Tänzer.
Wie gehen Sie tanzen?

Ella is a good dancer.
How do you dance?

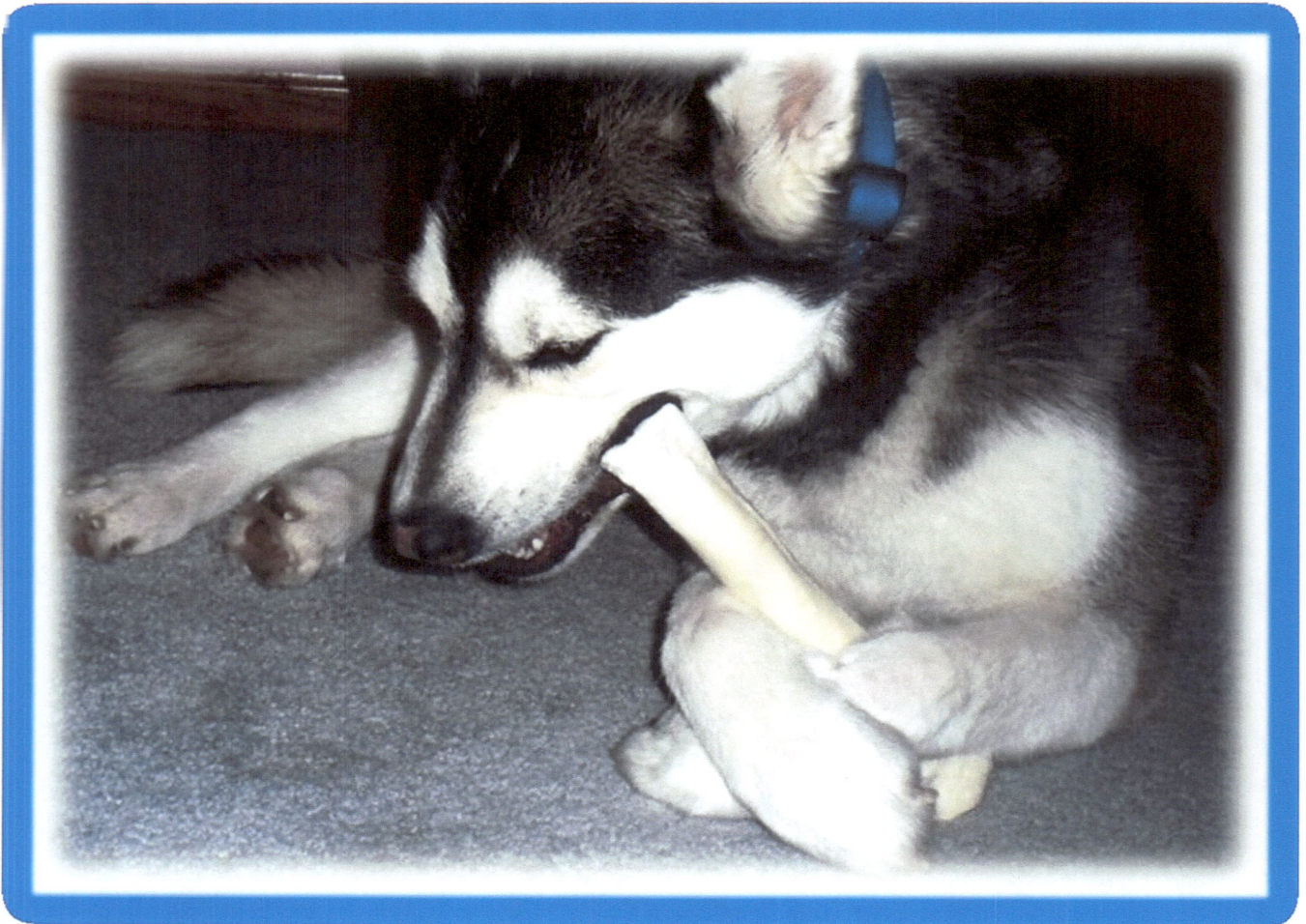

Manchmal Ella mag gerade zur Ruhe
und kauen auf ihren Knochen ...

Sometimes Ella just likes to rest
and chew on her bone...

Und manchmal spielt sie mit einer Kugel.

and sometimes she plays with a ball.

Ella mag Küsse, den Menschen ...

Ella likes to give kisses to people...

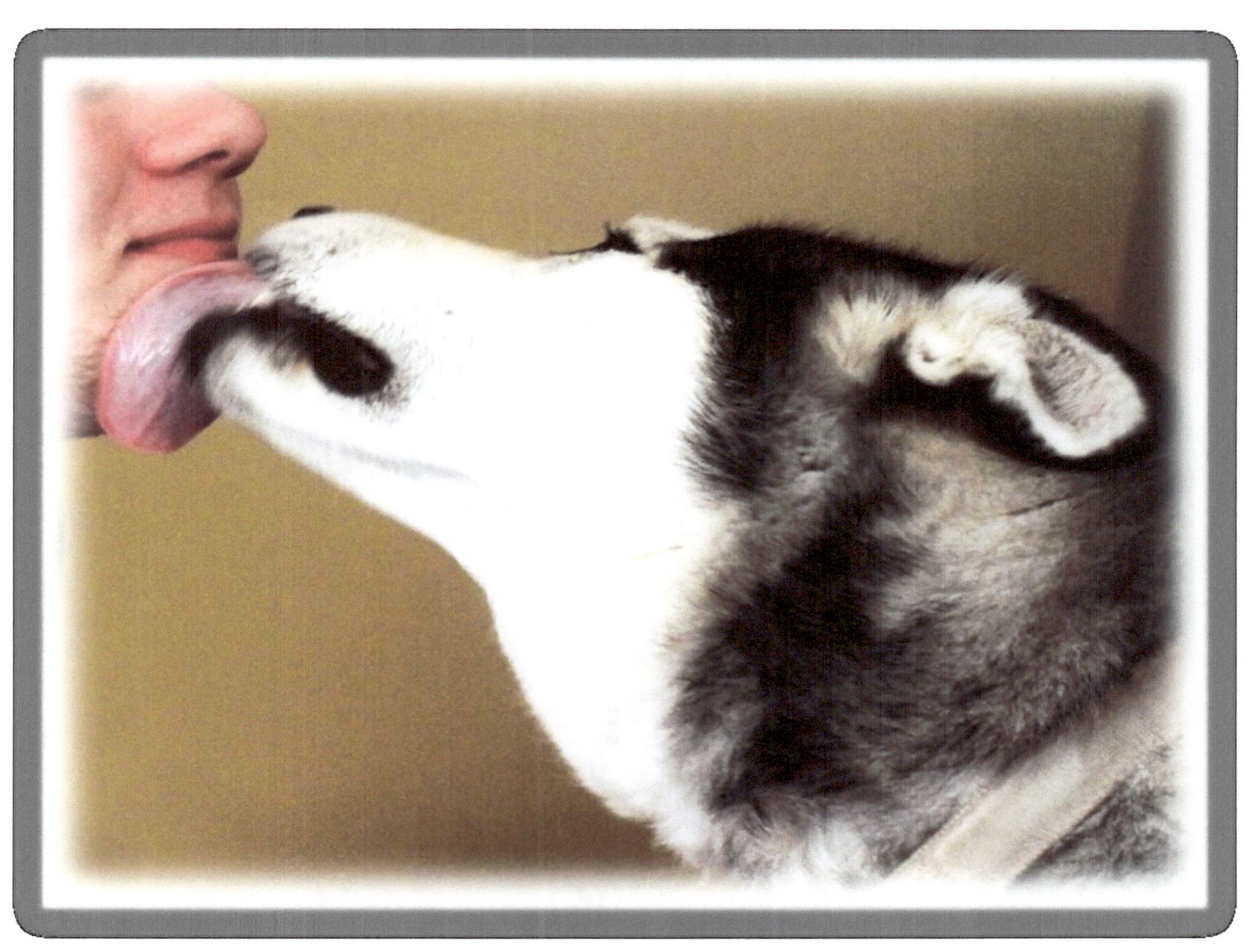

mit ihrer langen Zunge!

with her long tongue!

Ella liebt es, Menschen zu umarmen.

Ella likes to hug people too.

Heute Ella geht für eine Fahrt im Auto.
Oh nein! Sie ist nicht angegurtet!

Today Ella is going for a ride in the car.
Oh no! She is not wearing a seat belt!

Als sie neue Leute trifft, schüttelt Ella mit ihrer tatze ...

When she meets new people, Ella schüttelt mit ihrer tatze...

und sie gibt "Abklatschen", wenn sie angeregt ist.

and she gives a "*high five*" when she is excited.

Haben Sie mit einem Tatzen oder mit einer Hand zu schütteln?
Do you shake with a paw or with a hand?

Wissen Sie, wie man "Aklatschen " geben?
Do you know how to give "*high fives*"?

Es war ein sehr anstrengenden Tag für Ella.

It has been a very busy day for Ella.

Aber warten Sie ... Wo ist sie hin?

But wait...where is she going?

Hier ist Ella! Sie wird aus dem Fenster.

Ella ist über all die Dinge, die sie auf Trab halten wird morgen zu denken.

Here is Ella! She is looking out the window.

Ella is thinking about all of the things that will keep her busy tomorrow.

Ella die Doggy

Ella the Doggy

Falls Ihnen „Hundis aufregender Tag" genauso viel Spaß gemacht hat zu lesen, wie mir beim Schreiben, dann würde ich mich sehr über eine positive Bewertung bei Amazon freuen.

So erfahren noch mehr Familien vom Hund Ella.

Vergessen Sie außerdem nicht nach Ellas anderen Büchern Ausschau zu halten!

Vielen Dank!

If you enjoyed "Doggy's Busy Day," I would very much appreciate your leaving a review with Amazon.

This will help other families learn about Ella the doggy too!

Also, don't forget to look for Ella's other books!

Thank you!

Ella (der Hund) und Jayne (die Autorin)

Ella (the doggy) and Jayne (the Author)